100 SURPRESAS DE SEXO

Vanessa de Oliveira

100 SURPRESAS DE SEXO

COMO ENLOUQUECER OS HOMENS NA CAMA

 facebook.com/MatrixEditora

© 2013 – Vanessa de Oliveira
Direitos em língua portuguesa para o Brasil:
Matrix Editora – Tel.: (11) 3868-2863
www.matrixeditora.com.br

Diretor editorial
Paulo Tadeu

**Projeto gráfico,
capa e diagramação**
Daniela Vasques

Revisão
Adriana Wrege

Dados Internacionais de Catalogação na Publicação (CIP)
SINDICATO NACIONAL DOS EDITORES DE LIVROS, RJ.

Oliveira, Vanessa de
  100 surpresas de sexo : como enlouquecer os homens na cama / Vanessa de Oliveira. - 1. ed. - São Paulo : Matrix, 2013.

  1. Sexo 2. Comportamento sexual. 3. Relações homem-mulher. I. Título.
  II. Título: Cem surpresas de sexo : como enlouquecer os homens na cama.

13-02176
CDD: 306.7
CDU: 392.6

Palavras da Autora

Este é um livro que contém 100 surpresas sexuais que irão ajudar você a apimentar seu relacionamento no dia a dia, tornando encontros como Dia dos Namorados, aniversário e comemoração de promoção profissional algo mais do que especial para você e seu homem. São ideias fantásticas para provocá-lo e levá-lo à loucura!

Inovar no sexo é fundamental para que o relacionamento não caia na rotina. As dicas de surpresas sexuais que eu mostro neste livro são incríveis, inusitadas, muito excitantes, e finalmente você não ficará sem saber o que fazer de diferente para surpreender seu parceiro no sexo. Faça para ele surpresas sexuais que outras ainda não fizeram e torne-se única na vida do homem que você deseja. Elas têm diversos graus de ousadia, portanto, atendem perfeitamente à necessidade de mulheres tímidas e ousadas. Se você é uma mulher mais reservada, escolha as fantasias mais simples, adotando em cada momento uma postura um pouco mais ousada, até virar a mulher fogosa dos seus sonhos e dos sonhos dele.

Apenas lembro-a de que as fantasias sexuais são um prêmio para aquele homem que já provou a você que é digno de merecer sua dedicação; elas não devem ser usadas como uma forma de convencer um homem de que você tem valor, ou seja, realizar as fantasias sexuais de um homem não deve ser uma estratégia de conquista, e sim uma estratégia para manter a relação aquecida, portanto, não devem ser feitas para qualquer homem.

O que acontece, infelizmente, é que com frequência a mulher elege um homem, dá abertura para que ele entre em sua vida e tenta fazer com que ele se apaixone por ela, armando táticas e estratégias sexuais para seduzi-lo e conquistá-lo, acreditando que ele será bom para ela se ela fizer o jogo "certo".

Vou lhe dizer algo bastante sério, porque me sinto na obrigação de ser transparente com você, mesmo que isso lhe doa: se você elegeu um homem sem caráter para fazer parte da sua vida, consciente ou inconscientemente, você pode realizar todas as fantasias citadas neste livro, praticar o *Kama Sutra* completo e realizar os desejos mais picantes dele que mesmo assim ele trairá você, a tratará com desrespeito e não lhe dará o devido valor, porque essa é a natureza dele. Caráter, minha amiga, é genético. Ponto final.

Gostaria também de lembrar você de que mulher alguma na face da Terra deve ser uma escrava sexual ou agir como tal, a menos que assim deseje. Abstenha-se do peso de autocobrança, em que você se obriga a ser uma mulher boa de cama, que tem de trazer novidades o tempo todo para o sexo e que se sente na obrigação de satisfazer 100% os homens, porque você não é obrigada a nada disso. Tudo o que você fizer tem de ser com muita liberdade de escolha, por prazer pessoal e dentro de um entendimento de que a base do bom relacionamento não é o sexo, e sim a amizade. O sexo é aquela purpurina que deixa a relação mais gostosa, quente, colorida e apaixonante. É muito,

muito, muito legal ter esse ingrediente na fórmula do seu relacionamento, e, se você escolher um cara legal, então valerá a pena se dedicar, porque nesses casos o relacionamento melhora 1.000%, pois caras legais valorizam e retribuem sua atitude. Nem sempre eles vão retribuir da mesma forma, surpreendendo você com um *striptease*, por exemplo – embora isso seja superlegal e bem interessante se acontecer –, porque os homens não tendem a ser muito criativos nesse âmbito, mas com certeza o cara legal vai retribuir levando você para jantar (porque homem adora prover!), vai lhe dar flores (se você der sinais de que gosta), vai viajar com você quando possível e irá procurar suprir seus mimos, como por exemplo comprar aquele chocolate de que você tanto gosta.

Com esse cara, sim, vale muito a pena realizar todas as fantasias que você tiver vontade!

Essas dicas também são uma oportunidade para reacender a chama daquele relacionamento que está precisando relembrar a paixão e dar um *up*! E, é claro, uma oportunidade de não deixar cair na rotina o que já está bom. Manter a chama da paixão e fortalecer a amizade do casal é o segredo que mantém os relacionamentos felizes e duradouros. Claro que você pode praticar essas fantasias com quem você não ama nem pretende namorar, e fazê-las apenas para realizar seu desejo pessoal; nesse caso, apenas certifique-se de que a pessoa escolhida tem respeito por você.

Sugiro também que você leia meu livro *100 segredos de uma garota de programa*, com 100 dicas práticas de sexo, que ensinam como fazer um sexo oral enlouquecedor, sexo anal sem dor e com prazer, um *striptease* provocante mesmo para iniciantes, entre tantos outros fetiches que é importante saber. Inclusive, a leitura do meu livro *100 segredos de uma garota de programa* associada às incríveis fantasias deste aqui lhe darão total aptidão de se tornar uma verdadeira DEUSA DO SEXO!

Essas fantasias são perfeitamente aplicáveis para casais heterossexuais e homossexuais, afinal, os homoafetivos também buscam por relacionamentos duradouros e apimentados. E só mais uma coisinha: não é preciso colocar tudo em prática de forma desesperada. Calma! Se você realizar uma dessas fantasias sexuais pelo menos uma vez por mês, já estará ótimo, sua chama será mantida por muitos anos... Então, agora você já sabe, este é um de seus livros de cabeceira!

Só vou lhe pedir agora que seja feliz, aqueça sua cama e me escreva contando sua opinião sobre este livro e até mesmo me dando sugestões e/ou fazendo críticas. Meu site é o <www.vanessadeoliveira.net>.

Eu prometo que vou sempre tentar publicar o melhor que eu puder para você ser mais feliz ainda. Afinal, somos amigas(os)!

Um beijo da sua amiga

Van

Compre uma calcinha vermelha, perfume-a, coloque-a em um envelope e mande ao seu homem pelo correio. Antes de fechar o envelope, escreva a seguinte frase em um bilhete e coloque-o junto à calcinha:
Estou há dias sem calcinha, que tal você devolvê-la hoje para mim?

Tire fotos de partes do seu corpo como mãos, pés, boca, umbigo, seios, bumbum (nessa ordem, para gerar expectativa) e envie uma a uma para o celular ou e-mail dele, com um intervalo de 1h30 entre cada foto. Ao final da última hora, ligue para ele e diga: "Quero você na minha cama sem falta às 19 horas!".

Amiga, duvido que seu homem vá se atrasar!

Convide seu parceiro para viajar e, no meio da estrada, peça a ele que pare no acostamento. Desça do carro, entregue a ele uma máquina fotográfica e peça-lhe que tire fotos suas. Inesperadamente, tire toda a sua roupa, ignore a buzina dos outros carros e sorria para a câmera. Ele irá adorar a situação! A foto será uma recordação da viagem.

4

Saia com ele para jantar usando apenas um vestido que seja fácil de tirar. Na volta, peça a ele que pare em um local público, como um posto de gasolina, por exemplo, e diga que irá ao banheiro. Dispa-se, fique apenas de salto alto e faça um laço enorme em seu pescoço com uma fita vermelha. Saia do banheiro completamente nua e caminhando tranquilamente na direção do carro e sorrindo. Ignore os comentários e suspiros ao seu redor, será muita adrenalina no ar; mantenha-se calma e não olhe para os lados, foque-se nele. Entre no carro e diga: "Agora leve seu presente pra casa!".

Sente seu homem em uma cadeira, vende seus olhos, para que ele nem imagine o que acontecerá, descasque um EGG (trata-se de um ovo de silicone, que você pode comprar em um sex shop), coloque sobre o pênis e masturbe-o. Ele irá gozar em poucos minutos, pois a sensação é muito gostosa, quente e diferente. Esconda o EGG novamente – ele jamais adivinhará o que é, diga que é um segredo seu. Retire a venda. Certamente ele perguntará o que você fez. Diga que você é uma Deusa do Sexo e que são segredos sexuais seus e somente seus. Diga que irá acariciá-lo novamente quando você quiser.

Faça sexo oral no seu companheiro com a luz acesa, olhando fixamente em seus olhos e lambendo todo o pênis enquanto diz: "Eu amo seu pau! Ele me deixa louca! Muito louca! Eu amo seu pau! É a coisa mais deliciosa que já coloquei na boca!". Saiba que o olhar é uma forte arma de sedução, olhe-o penetrantemente, portanto, treine algumas vezes em frente ao espelho, retire o olhar sacana, atrevido, desafiador e debochado de dentro da sua alma. Eu ainda não vi um homem enlouquecer de tesão por uma mulher com "olhar de paisagem". Para potencializar seu olhar, esfumace sombra escura nas pálpebras.

Deixe as suas roupas espalhadas formando uma trilha até o quarto. Quando ele chegar em casa, será surpreendido ao ver você nua, de pernas abertas para ele e se masturbando. Vença a timidez, pois essa é uma das cenas mais lindas e excitantes que um homem pode ver. Peça a ele que se sente na cama e lhe assista sem tocá-la. Depois do seu orgasmo, convide-o para participar e masturbe-o com suas mãos. Deixe-o espalhar o esperma pelo seu corpo, diga o que quiser.

Deixe que ele surpreenda você pintando as unhas das mãos no meio da sala, nua e de quatro, como se fosse a situação mais comum da sua vida. De preferência, fique com o bumbum virado para a porta por onde ele irá entrar. Esteja pintando suas unhas de vermelho. Diga: "Está tão quente hoje! Ou será que eu é que estou com muito tesão?".

Com um aplicador vaginal, introduza no fundo da sua vagina um produto chamado "Vibration", da marca Intt (você encontra no sex shop). Sua vagina irá pulsar freneticamente e ele sentirá as vibrações. Não revele o segredo "mágico". Essa surpresa sexual apenas deverá ser feita com quem está em um relacionamento estável e que não usa mais preservativo.

Mande para o celular dele a seguinte mensagem: "Tenho fome de você! Já me toquei três vezes hoje e continuo te desejando". Depois envie uma segunda mensagem: "Estou molhada e com muito tesão". Em seguida, uma terceira mensagem: "Não seria nada mau seu pau agora entre as minhas pernas". Se ele lhe enviar uma mensagem comentando que não consegue trabalhar porque você o está excitando, responda: "Não posso fazer nada, meu fogo é maior que eu. Esteja em casa às 18h05". Amiga, eu duvido que ele vá querer fazer hora extra ou ver os amigos. Outra opção é mandar alguma dessas mensagens provocantes quando ele estiver no meio de um jantar importante.

Ao acordar, diga a seu parceiro sobre o sonho que teve durante a noite: conte que havia três homens iguais a ele e que você estava sendo possuída pelos três ao mesmo tempo. E o mais interessante de tudo era que você estava ADORANDO! Como a maioria dos homens acorda com o pênis ereto, ele provavelmente irá querer fazer sexo com você e vai se excitar mais ainda pelo fato de você se permitir fantasiar. Vá para a cama, à noite, sem roupa. Pela manhã, conte seu sonho sussurrando ao ouvido do seu parceiro, com o corpo colado ao dele. Depois que ele sair para o trabalho, envie uma breve mensagem: "Você está recrutado para uma operação especial hoje à noite: deixar que eu confesse novamente meus desejos para você".

Vende os olhos do seu homem e sente-o numa cadeira. Faça sexo oral nele até ele ficar excitado e com o pênis bem ereto. Aplique gel adstringente em sua vagina (procure esse produto em um sex shop). Esse gel reduzirá a sua vagina para o tamanho que tinha quando você era virgem. Enquanto ele está sentado e vendado, coloque o pênis em sua vagina, de frente pra ele. Pergunte se ele já experimentou alguma vagina mais apertada que a sua. Fale obscenidades ao seu ouvido, aproveite que ele está de olhos vendados e solte-se. Não conte a ele o seu segredo. Ele vai delirar, perguntando-se o que pode ter acontecido. Diga que o pau dele cresceu!

Antes que ele chegue em casa, deixe um bilhete na porta de entrada: "Não entre! Vá imediatamente até a caixa de correio, há uma surpresa lá esperando por você". Na caixa de correio, deixe sua calcinha e um bilhete: "Vá até a floreira, atrás dela há uma surpresa esperando por você". Atrás da floreira, deixe uma foto sua nua, com a seguinte frase: "Está quente! Vá até o tapete na porta de entrada, embaixo dele há uma surpresa esperando por você". Embaixo do tapete, deixe alguns preservativos e o seguinte bilhete: "Entre, estou excitada, molhada e pronta pra você". Quando ele entrar, esteja completamente nua em cima da cama – não se esqueça do som ambiente e acenda algumas velas na cabeceira.

Diga, abrindo repentinamente as pernas: "Vem me pegar!".

Deixe o quarto completamente escuro, ligue o som em uma música vibrante e entre dançando, com uma lanterna acesa na mão e girando. Como o quarto está 100% escuro, ele não verá você, apenas o foco da lanterna. Direcione a lanterna rapidamente para o rosto dele. Depois coloque-a em cima de uma cadeira com o foco de luz voltado para o rosto do seu homem, fique entre ele e o foco de luz e dance. Ele verá apenas sua silhueta; fica supersensual e as tímidas se soltam mais, pois não é possível distinguir o rosto, somente as linhas do corpo. Tire peça por peça e jogue-as nele. Exagere no rebolado, fica lindo. Quando puder, crie um efeito fantástico posicionando-se por cima da lanterna, cruzando e descruzando suas pernas, fazendo com que o foco de luz saia do meio delas. Ao final da música, repentinamente jogue-se sobre ele e façam sexo sob a luz da lanterna.

Deixe um vibrador escondido embaixo do seu travesseiro quando souber que irão fazer sexo. Deixe que seu parceiro encontre o artefato e insinue que é com ele que você o trai. Diga que faz isso todas as noites na ausência dele, ou de dia, enquanto ele trabalha. Então comece a falar em seu ouvido sobre os orgasmos que você costuma ter sozinha e pergunte se ele gostaria de vê-la usando o vibrador. Enquanto seu homem a penetra, pegue o vibrador e simule sexo oral com ele – a visão que seu parceiro terá será muito excitante e inesquecível.

Compre, em uma loja de iluminação, um *laser* ou *flash* com um suporte acoplado para que possa ser mantido de pé (o custo aproximado é de 75 dólares o conjunto). Isso simula as luzes frenéticas de uma boate e não necessita ser aparafusado na parede ou no teto. Você pode colocá-lo em cima de seu guarda-roupa, direcionando as luzes para a cama. Ligue o som em uma música vibrante e sincronize as penetrações com a pulsação da música – a maioria dos *lasers* tem a opção de iluminação que acompanha o ritmo da música, ao simples toque de um botão. O piscar consecutivo do *laser* fará com que o homem veja sua face de forma interrupta. Provoque-o com expressões de desejo enquanto o *laser* pisca. Ambos experimentarão sensações diferentes – os estímulos sonoros e visuais exercem influência na expressão da sexualidade. Use uma música vibrante e faça seu parceiro delirar!

Assim que seu homem chegar em casa, peça a ele que tome banho e que se deite na cama de bruços. Prepare o ambiente com velas aromáticas e música sensual. Assim que ele se deitar, você iniciará o "Hair Seduction". É uma técnica muito usada pelas garotas de programa e que deixa os homens extasiados: você ficará de quatro, com a cabeça abaixada e os cabelos caídos sobre ele. Você irá acariciar todas as partes do corpo dele, provocando sensações incríveis com o leve roçar dos seus fios sobre a pele. Comece pelas pernas, suba pelo bumbum, percorra as costas e finalize na nuca. Depois vá em direção aos braços e mãos. Faça isso durante uns dez minutos. Ele entrará em uma espécie de transe. Depois peça a ele que se vire e repita os movimentos. Quando seus cabelos chegarem próximo ao pênis, enrosque os fios nele e puxe-os levemente, depois roce levemente sua cabeça nos testículos e logo em seguida suba em direção ao peito. Depois de mais dez minutos acariciando-o, finalize com um tremendo sexo oral!

Leve-o para o restaurante e, em vez
de sentar-se diante dele, prefira um
lugar discreto, onde vocês possam
sentar-se lado a lado. O restaurante
obrigatoriamente deve ter toalhas grandes
nas mesas. Então, ao lado dele, acaricie
seu pênis por baixo da toalha. Quando ele
for fazer o pedido ao garçom, recomece as
carícias e faça "cara de paisagem",
como se nada estivesse acontecendo.
Acaricie-o diversas vezes. No meio do
jantar, retire sua calcinha e discretamente
coloque-a no bolso de sua calça ou
largue-a ousadamente em cima
da mesa – ele vai pirar!

Quando estiverem viajando de carro, diga que está com muito calor, então tire suas calças, depois tire a calcinha, abra as pernas e direcione o vento do ar-condicionado para o meio delas. Então tire sua blusa e seu sutiã, fique completamente nua durante a viagem; deite o banco do motorista para que ninguém do lado de fora a veja sem roupa e permaneça assim até chegarem ao destino, embora eu acredite que ele irá encontrar algum lugar para fazer um *pit stop*!

Leve-o a um *pub*, pode ser um *lounge* – tem de ser um local público, porém sossegado, com clima de romance ou, no mínimo, aconchegante. Então peça bebidas para os dois. Leve canetas e papéis e proponha a ele um jogo: você irá falar o início de uma frase e ele deverá completá-la escrevendo no papel a primeira resposta que lhe vier à mente, sem pensar muito. As suas perguntas para ele serão: a) Se você pudesse, faria sexo comigo... b) A posição sexual que mais te excita é... c) A parte do meu corpo de que você mais gosta é... d) Se você pudesse, estaria agora me... e) Você enlouquece quando estou... f) Sua fantasia sexual é... g) Se eu acariciar você agora, você vai... Assim que ele acabar de responder, leia as respostas uma a uma e ria com ele, conversem sobre elas, e saiba que ao final do questionário ele já estará bastante excitado. Essa é uma tática de provocação. Com certeza ele irá querer sair logo dali! Até você...

Leve-o a um restaurante árabe onde haja apresentações de dança do ventre.
Os homens ficam muito eufóricos e felizes por terem encontrado uma mulher que não se importa em assistir a uma dança sensual com eles e que se diverte junto.
No restaurante, sente-se ao seu lado e aprecie o show; diga no ouvido dele que ele pode ficar excitado o quanto quiser, porque em casa você vai querer o melhor que ele pode lhe dar. Os homens enlouquecem com uma mulher que é segura de si.

Faça exercícios de pompoarismo sem que ele saiba. Não os coloque em prática até que você esteja com um bom domínio dos músculos de sua vagina. Há cursos e livros que ensinam a arte do pompoar (o livro *100 segredos de uma garota de programa* contém o passo a passo dos exercícios). Então, um dia, quando seu homem chegar em casa, vende-lhe os olhos, coloque-o sentado em uma cadeira ou na cama e amarre as mãos dele. Diga que você irá lhe apresentar uma nova amiga. Prenda seu cabelo com um coque. Mude seu perfume. Ligue o som alto para ele não reconhecer sua voz. Não o beije por enquanto; passe gel lubrificante em sua mão, masturbe-o até ele ficar excitado e introduza o pênis em sua vagina. Mostre a ele a nova mulher que há em você: contraia seus músculos vaginais fortemente e aplique os movimentos dos anéis vaginais. Deixe-o excitado e muito confuso por não ter certeza se está com você ou com outra mulher. Gema de maneira diferente. Quando acabar o sexo, tire a venda dele e diga: "Eu posso ser qualquer mulher que você desejar que eu seja". Agora pode beijá-lo.

23

Quando for aniversário, formatura ou promoção do seu parceiro e você quiser dar um presente para enlouquecê-lo, dê a ele um quadro com um nu artístico do seu corpo. Encontre uma boa desenhista para fazer seu retrato nu e depois coloque-o em uma moldura dourada e envelhecida. O quadro ficará no quarto dele, caso vocês ainda não morem juntos, e assim ele pensará em você todas as noites – tenha certeza de que aquela imagem terá dedicações noturnas incríveis! Ou então, se vocês moram juntos, o quadro poderá ficar no quarto do casal. Nesse caso, ele vai se dedicar a você...

24

Compre dois dados eróticos (à venda em sex shops) e proponha a ele que joguem os dados para se divertirem. Um dos dados indica a posição sexual que será feita, o outro dado indica o local da casa onde irão realizar a posição. Vocês deverão estar nus e podem jogar em cima da cama. Para incrementar a brincadeira, aplique três gotas de óleo essencial de *ylang ylang* no seu púbis. Esse óleo é extremamente afrodisíaco, despertará em seu homem uma libido maior, sem ele saber o que está acontecendo. A essência inalada quando ele se aproximar para fazer sexo oral em você cairá diretamente na corrente sanguínea e o efeito é praticamente imediato.

25

Vista-se de policial: use obrigatoriamente botas ou sapatos de salto alto, quepe, saia curtíssima, calcinha fio dental e um cassetete, que você pode comprar em uma loja de fantasias ou em um sex shop. Assim que seu homem passar pela porta, fale com autoridade, apontando o cassetete para ele: "Você está preso! Motivo: atentado violento ao pudor". Seja enérgica, vire-o de costas e algeme-o ainda em pé. Abra as calças dele, abaixe-as repentinamente e diga: "Vou revistá-lo para ver se encontro armas". Apalpe o pênis e diga: "Você por acaso tem autorização para o uso desta arma? Pois então vou apreendê-la. Agora será de uso da polícia!". Então inicie o sexo oral. Seja durona; toda vez que ele tentar falar algo, você dirá: "Silêncio! Tudo o que disser poderá ser usado

contra você!". Tire as algemas, jogue-o
na cama, em seguida atire-se sobre ele e
diga-lhe, em tom autoritário, tudo o que
deverá fazer. Nessa fantasia sexual você
é a comandante e ele é quem obedece;
não hesite em mostrar sua autoridade.
Acredite, isso enlouquece qualquer
homem, eles veneram mulheres decididas
no sexo e por isso sempre topam a
brincadeira. E não esqueça as palmadas
no bumbum dele!

26

Coloque o despertador para tocar às 3 horas da manhã; pode ser um daqueles relógios que despertam com música. Surpreenda-o com um maravilhoso sexo oral no meio da noite. Seja corajosa e deixe-o finalizar na sua boca. Se isso for difícil para você, não precisa engolir, discretamente cuspa em um lencinho – ele não vai perceber, pelo fato de estar escuro. Pode crer que nessa madrugada ele vai ter certeza de que você é a mulher da vida dele.

27

Vamos fazer um jantar especial? Peça *sushi* para pronta entrega, assim não lhe dará trabalho, além de ser um prato leve. Acenda velas em uma mesinha baixa na sala para dar um clima oriental, prepare a louça e os copos para um jantar japonês, coloque música ambiente suave e espere seu homem usando apenas salto alto e um avental, sem nada por baixo. Delineie seus olhos como os de uma gueixa, homens têm fetiche por elas. Assim que ele chegar em casa, diga para se sentar, pois você irá servi-lo. O *sushi* você vai colocar entre seus lábios e oferecer a ele; aproveite e beije-o. O *sashimi* você colocará em seus seios e o oferecerá a ele levando-o até sua boca. Depois de alimentá-lo, tire o avental e deite-se no chão. Coloque uma peça de *sushi* no seu umbigo e outra no púbis e peça a ele que pegue-os com a boca. Depois disso, esqueça o *sushi*, pois ele não terá mais fome de nada que não seja você.
Aproveite o momento!

28

Decore o ambiente com velas e escolha uma música sensual. Cubra o tapete com um lençol e coloque seu parceiro, nu, deitado de bruços no tapete. Pegue uma cadeira e coloque-a lateralmente ao corpo dele, de forma que você fique de frente e perto de seu abdome. Aqueça o creme hidratante no micro-ondas por dez segundos e derrame pelo corpo dele, sem encostar as suas mãos. Então diga que você fará amor com ele usando apenas seus pés. Nesse momento, comece a espalhar o creme usando inicialmente a pontinha dos dedos do pé. Percorra as pernas dele lentamente, iniciando a carícia com a ponta dos seus dedos, e aos poucos vá usando também a planta dos pés, indo em direção ao bumbum. Acaricie o ânus dele com movimentos suaves e circulares. Faça o mesmo com as costas dele, em direção à nuca. Depois peça a ele que se vire de frente, então acaricie seu peito, seus braços, a virilha, os testículos e por fim o pênis. Masturbe-o com os pés, colocando o pênis dele entre as plantas dos pés ou na altura dos dedos. Faça leves compressões enquanto sobe e desce seu pé, depois vá aumentando essa compressão. Por fim, faça movimentos frenéticos e repetidos, a fim de acelerar a excitação – prepare-se, nessa hora ele vai ter um orgasmo. Então lambuze seus pés com o esperma, provando dessa forma que você se sente confortável em relação ao "líquido precioso" dele. Um homem se sente muito mal quando a mulher deixa transparecer que sente nojo do esperma. E não se preocupe com o possível cansaço de suas pernas, já que com a cadeira seu movimento ficará facilitado. Cadeiras mais altas são melhores. Essa é uma experiência fantástica e inusitada! Aliás, pode começar aí a adoração dele por seus pés.

Dance, dance, dance! Você será agora a *stripper* que ele vai contratar, sua prostituta particular, que é um grande fetiche dos homens. Então coloque uma cadeira na sala ou no quarto, sente-o e amarre as mãos dele – pode ser com uma gravata ou até mesmo uma algema (que você pode comprar no sex shop) – e, no ritmo da dança (lenta ou vibrante), esfregue seu corpo ainda vestido nele, principalmente bumbum e seios. Deixe-o louco, desesperado, e diga: "Você não pode me tocar". Quando sentir que ele está extremamente excitado, diga que irá soltá-lo, mas com uma condição: ele ainda não poderá agarrar você. Prepare mais de uma música no CD, pois a tortura inicial deverá ter a duração da primeira música, enquanto na segunda você iniciará o *strip*. Ao soltá-lo, entregue notas de dinheiro a ele, que poderão ser falsas, então peça-lhe que coloque dinheiro na sua cintura.

Cada vez que ele fizer isso, você tirará uma peça de roupa. Fantasie com ele, invente inclusive um "nome de guerra" para você. Quando estiver completamente nua, sente-se no colo dele e diga: "Agora sou toda sua! O que você vai querer? Eu faço de tudo!".

Veja a lista de músicas sensuais para *striptease* no meu site <www.vanessadeoliveira.net>, em que constantemente atualizo a lista e as informações. Clique em "Striptease", entre os botões à esquerda da página.

30

Coloque uma peruca muito diferente do seu cabelo, pode inclusive ser uma peruca colorida e curta. Faça uma maquiagem forte, diferente da habitual, marque bastante seus olhos e sua boca. Use um perfume forte. Vista uma *lingerie* provocante, de cor forte, que deverá ser vulgar (entenda, homem também curte baixaria, e o barato aqui é você ser diferente do que costuma ser no dia a dia), coloque meias 7/8, salto muito alto e luvas. Você tem de parecer ser outra pessoa, de outra classe, de outro lugar. Se você ficar mais alta que ele, melhor ainda, assim você demonstra poder.

Quando ele chegar em casa, esteja escondida e, assim que ele chamar seu nome, saia do esconderijo e diga: "Ela não está, me mandou em seu lugar. Prazer, meu nome é Roxane Costa (ou outro nome de pronúncia forte; inclua sobrenome para dar poder) e eu vou agora me servir de você, ela me disse que eu poderia abusar". Então dirija-se ao quarto e chame-o: "Você não vem?". Não tire a peruca, você vai encarnar uma personagem. Diga diversas palavras de baixo calão durante o sexo, solte-se, agora você é outra, aja de maneira totalmente diferente do habitual, pareça ser promíscua e indecente. Ele vai amar, confie em mim! Não se surpreenda se num outro dia ele lhe perguntar: "Amor, quando será que a Roxane Costa vem me visitar de novo?".

31

Em uma noite em que vocês estejam fazendo sexo, diga que deseja dois homens na cama com você, de preferência, três, porque você quer sentir prazer por todos os lados. Insinue no ouvido dele que o fogo que há em você é insaciável e que sua fantasia é ter muitos homens tocando-a ao mesmo tempo. Faça-o imaginar que há outro homem com vocês naquele momento e relate detalhes picantes enquanto ele a penetra. Os homens nessa hora topam a fantasia de imaginar um segundo homem na cama, isso é muito excitante para eles. Não se preocupe, eles raramente ficam bravos, pois estão curtindo a fantasia; o mais provável é que após o seu relato ele pergunte se você toparia colocar essa fantasia em prática. Meu conselho é que você apenas cite essa fantasia se for da sua vontade transar com mais de um homem ao mesmo tempo, se não, diga-lhe que isso é apenas fantasia, e que é exatamente por isso que você curte. Se for realizá-la, escolha alguém que você não conheça para a primeira vez, porque, se a experiência não for positiva, você não irá mais ver a pessoa – se o homem escolhido for da sua convivência, você estará sempre revivendo aquela situação ao encontrá-lo.

32

Os homens gostam muito de erotismo e pornografia. Então faça uma surpresa bem especial para ele. Compre na banca algumas revistinhas de contos eróticos e pornográficos. Deite na cama com ele e comece a ler em voz alta. Se for uma revista em quadrinhos com cenas de sexo, mostre as imagens para ele, que ficará mais excitado ainda vendo enquanto ouve sua voz. Se for uma revista do estilo fotonovela, com fotos do casal "em ação", melhor ainda. Com uma de suas mãos, passe a acariciar o pênis dele, então entregue-lhe a revista quando estiverem na metade da história e peça-lhe que leia para vocês dois. Então comece a fazer sexo oral no seu parceiro. Você verá que o orgasmo dele será simplesmente demais, porque a mente dele estará turbinada de pornografia, o que eleva a libido de qualquer homem a mil!

O mais provável é que ele finalize antes do tempo normal. Essa é uma boa brincadeira sexual para fazer com aqueles homens que têm dificuldade em finalizar e que demoram muito até conseguir o orgasmo. É a imaginação dele, nesse caso, que o excita absurdamente e o faz chegar lá mais rápido.

33

Sedução das luzes. Em um quarto completamente escuro, você irá acender uma pequena lanterna, iluminando apenas a parte do corpo que deseja mostrar a ele. Comece pelas seguintes partes: boca (pinte-a e passe sua língua nos lábios – *gloss* causa um efeito espetacular), umbigo, pernas, seios, bumbum, púbis e vagina (deixe-o ver seu dedo se aproximando de seu clitóris e acariciando-o). Diga a ele que conforme você ilumina partes do seu corpo ele deve beijá-la e acariciá-la. Esse jogo é simples, porém muito divertido, e ajuda as mulheres mais tímidas a se soltarem, pois seu rosto não estará visível, nem o corpo inteiro. Música nessas horas é sempre bem-vinda, para ajudar a criar um clima mais sensual.

34

Enquanto ele fala ao celular com alguém, passe a acariciá-lo, masturbe-o, iniciando logo em seguida um delicioso sexo oral. Se ele estiver conversando com algum vizinho pela varanda, surja agachada, sem que o vizinho a veja, abaixe as calças do seu parceiro, mantendo-se numa altura inferior ao parapeito, então faça sexo oral nele. Quero ver se ele se concentra na conversa com o vizinho... O mesmo pode ser feito caso ele esteja apenas olhando o movimento na rua. O sexo inesperado enche um homem de vida, ele se sente viril e fica feliz com a mulher que propicia isso a ele.

35

Você montará um pote dos desejos para ficar no quarto. Dentro desse pote dos desejos haverá bilhetes de cor azul, cheios de posições sexuais e de fetiches que ele terá a oportunidade de sortear uma vez por semana. Montem juntos a lista de tudo aquilo que vocês curtem fazer juntos para previamente empolgá-lo mais ainda. Estabeleçam qual será o Dia Gold, em que ele terá direito a sortear um bilhete azul, e então você se compromete em realizar para ele a posição ou fetiche determinado no bilhete. Nesse mesmo pote também haverá bilhetes cor-de-rosa, que indicam as posições sexuais e fetiches que ele deverá fazer quando você também sortear o bilhete no Dia Gold. Deixe o pote dos desejos em um lugar bem visível no quarto. Isso fará vocês lembrarem, sempre que passarem pelo pote, que há sexo especial esperando por vocês!

36

Tome banho lavando seus cabelos e, ao terminar, enrole-os em uma toalha. Pegue espuma de barbear e passe pelo seu corpo, deixando grossas camadas de espuma na região dos seios. Na região da virilha use espuma de sabonete. Então apareça na sala toda ensaboada, com uma toalha de rosto na mão. Coloque uma música para dançar. Rebole diante dele, não se preocupe se não souber dançar, pois só o fato de ele ver você rebolando totalmente ensaboada já é bastante excitante. Entregue para ele a toalha de rosto e peça-lhe que tire a espuma do seu bumbum, depois dos seus seios e, por fim, do seu púbis, enquanto você continua dançando. Assim que a música acabar, convide-o para entrar no banho com você e tirar o que falta do seu corpo. Esse banho será quente! Muito quente!

37

Ligue para o seu homem no meio do expediente, no trabalho, e diga para ele não falar, apenas ouvir. Então sussurre que está em casa nua, na cama, diga que acabou de tirar sua calcinha fio dental e que agora está acariciando seu próprio corpo. Diga que passou as mãos pelos seus seios, desceu pelo umbigo e seguiu em direção ao clitóris. Confesse que está uma delícia e fale que está toda molhada. Pegue um vibrador e ligue-o, coloque o som do vibrador perto do bocal do telefone para que ele o perceba, diga que agora usará um brinquedinho. Então comece a gemer e assim que você tiver um orgasmo desligue o telefone. Você pode ter esse orgasmo, o que seria muito legal, ou fingir, caso você normalmente demore para ter um; o objetivo é ficar no máximo três minutos ao telefone com ele, tempo suficiente para ele passar o resto da tarde imaginando muita coisa e pensando alucinadamente em você!

38

Ele gosta de jogos? Provavelmente sim, pois a maioria dos homens gosta. Aposte com ele o Sexo do Vencedor. Iniciem uma partida do jogo preferido dele, que pode ser *video game*, pôquer, futebol de botão, xadrez ou, quem sabe, até mesmo corrida. O vencedor tem direito a escolher o estilo de sexo que quiser até chegar ao orgasmo (contanto que não represente sofrimento ao outro). Trapaceie no jogo: se a aposta for dentro de casa, coloque uma *lingerie* sexy (isso atrapalha a concentração do homem); se ele estiver ganhando mesmo assim, faça um *topless*; se ainda assim ele estiver na frente, sente no colo dele. Se ele ganhar, pague o prêmio com gosto. Se você ganhar, cobre com gosto! Jogos produzem adrenalina, principalmente no homem. E produção de adrenalina no homem desencadeia produção de testosterona, que eleva a libido. Na hora do sexo ele estará mais excitado que de costume.

39

Vende os olhos do homem, coloque-o deitado nu na cama, algeme-o e amarre os pés dele na cama, de modo a deixá-lo totalmente imobilizado (em sex shops você encontra os acessórios certos para imobilizá-lo de maneira confortável). Feito isso, diga que ele pode confiar em você e que apenas tem de responder a suas perguntas. Se ele responder certo, ganhará um presente, se responder errado também ganhará um presente. Faça perguntas sobre a vida pessoal de vocês dois, como, por exemplo, a data em que se conheceram, a roupa que você vestia, qual seu perfume preferido, qual a cor de que você mais gosta, qual sua melhor qualidade, onde transaram pela primeira vez, qual foi a posição preferida daquela noite, entre outras perguntas. Para cada resposta certa você fará sexo oral nele por 30 segundos com uma substância surpresa na sua boca.

Use guaraná ou champanhe (causam sensações incríveis por causa do gás), gelatina, Halls® preto, vodca, Danoninho®, leite condensado e chantili. Para cada resposta errada, passe rapidamente uma pedra de gelo na glande do pênis, por um segundo apenas. Ao final, peça a ele que faça uma sincera declaração de amor. Se a declaração for honesta e à sua altura, ele poderá escolher entre receber sexo oral e finalizar na sua boca ou ser cavalgado até chegar ao orgasmo. Se a declaração deixar a desejar, desamarre-o e diga que ele deverá fazer uma longa massagem em você como forma de compensá-la ou então fazer você chegar ao orgasmo da maneira que preferir.

40

Deixe a casa à meia-luz, usando apenas abajures, para criar um clima sensual. Na frente da porta coloque uma cadeira e um cartaz com os dizeres: "Noite dos Gemidos e Sussurros. Proibido falar, apenas gemer de prazer. Tire toda a sua roupa aqui, te espero nua no banho. Rápido, você está atrasado!". Espalhe preservativos ou pétalas de rosas indicando o caminho do banheiro. Quando ele entrar, esteja com a luz apagada, só com uma vela iluminando o ambiente. Coloque na parede do banheiro três gotas de essência de *ylang ylang* – o vapor da água vai deixar o local afrodisíaco –, coloque música romântica pra tocar e, se ele falar com você, ponha o dedo sobre a boca e faça "shh...", indicando que é proibido falar. Quando ele entrar no chuveiro, beije-o de língua e não se preocupe com seu cabelo, permita que ele o bagunce, essa é uma grande fantasia masculina. Deixe que ele finalize na sua boca – o chuveiro é uma boa oportunidade para a mulher que não curte essa modalidade de aceitar o esperma na boca, pois permite que ele escorra pelos lábios e se misture à água do chuveiro sem que o homem perceba.

41

Compre uma caneta comestível (à venda em sex shops) no sabor que você preferir para desenhar no seu corpo e no corpo dele. Aprenda a escrever palavras de trás para a frente a fim de escrever frases eróticas no peito dele – assim, ao olhar no espelho, ele lerá a frase da forma correta. Escreva, por exemplo, *sinêp ues oma*. Ele lerá *amo seu pênis* ao se olhar no espelho. Desenhe no pênis dele o que quiser com a caneta e depois apague com a boca e com a língua. Isso é bastante divertido. Vocês vão rir dos desenhos. Sexo tem de ter sua dose de humor também, não precisa ser sempre um ato sério. Rir na cama denota intimidade. Marque no seu corpo com um X as suas zonas erógenas, onde você quer que ele lamba até apagar toda a marcação. Não seja tímida, mostre a ele que você é uma mulher que sabe muito bem o que quer!

42

Transforme seu quarto do dia para a noite em um lugar erótico, sem avisá-lo, para que ele chegue em casa e se surpreenda. O lugar onde se faz sexo deve ter um ar diferente, um ar erótico. Escolha almofadas vermelhas e um lençol também vermelho para a cama, acenda um abajur com uma luz fraca ou jogue um lenço colorido sobre ele, escreva frases eróticas e quentes no espelho do banheiro da suíte, como, por exemplo, "Quero chupar seu pau delicioso", cole fotos suas nua na porta do guarda-roupa dele. Faça uma surpresa e mande colocar um espelho no teto (não custa tão caro, 1m x 1m é o suficiente). Troque a lâmpada convencional por uma vermelha, use essências de frutas exóticas para aromatizar o ambiente, deixe um DVD pornô à mão para rodar assim que você desejar e esteja usando uma calcinha fio dental ou com abertura frontal. Deite-se na cama e, assim que ele entrar, ligue o DVD e chame-o para a cama, abrindo despudoradamente suas pernas.

43

É muito bom ter um comportamento sexual imprevisível, portanto, quando ele menos esperar, vá apanhá-lo para almoçar e diga: "Estou aqui na frente do seu escritório, o senhor solicitou serviço de Sex Delivery?". Nessa hora use um quepe, para tornar o Sex Delivery mais interessante e ajudar a entrar no clima. Assim que ele entrar no carro, leve-o para casa. Você já deverá ter algo preparado para comerem e que seja prático. Façam uma rapidinha. Sem que ele perceba, enquanto ele for ao banheiro, por exemplo, coloque na carteira dele ou no bolso da calça o seguinte bilhete: "Gostoooso, adoro quando você me come". Depois deixe-o no escritório novamente, como se fosse uma motorista particular. Aprenda a continuar seduzindo-o mesmo após ele ter voltado ao trabalho. A mulher inesquecível se torna assim por causa do antes, do durante e do depois. A mulher inesquecível é justamente aquela que faz na cama aquilo que o homem não espera.

44

Dê a ele uma noite virginal. Vista uma calcinha branca, coloque uma camisola branca, escove o cabelo, não use nenhuma maquiagem e use um gel adstringente na vagina (que você compra no sex shop) a fim de diminuí-la e dar a sensação ao homem de que você está mais apertada. Nessa noite deixe que ele conduza o sexo, pois você terá o comportamento de uma virgem: ao ser penetrada, reclame que o pênis dele está muito grande para você e que está doendo, isso o excitará tremendamente; faça-o se sentir poderoso, diga-lhe para ir com calma por causa do tamanho e porque você é inexperiente. Depois, entregue-se ao prazer. No final, fale que você teve a sensação de que era a sua primeira vez; ele vai ficar muito feliz ao ouvir isso.

45

Saia com ele no estilo "Pronta para Matar". Os homens gostam de estar na companhia de mulheres bonitas e curtem quando a mulher que está ao lado deles é desejada por outros homens – sabendo que ela é só dele. Um leve toque de ciúme é afrodisíaco para os homens, portanto, marque um jantar surpresa em um restaurante bonito e prepare-se para esse encontro. Prefira um vestido em que suas costas fiquem de fora, isso é muito sensual para os homens. Independente do peso e da altura que você tenha, todos os homens instintivamente vão olhar para você, ainda mais que a curvatura do bumbum torna-se mais saliente e seu parceiro irá perceber a atenção que você está ganhando. Em determinado momento, levante-se e deixe um envelope vermelho em cima da mesa, sem falar nada; ele irá abrir e ler. Escreva: "Quero chupar seu pau, me encontre no banheiro masculino antes que outro homem me encontre lá". Seja ousada, não tenha medo e entre confiante no toalete – escolha o masculino para essa aventura porque os homens são mais cúmplices; caso algum desconhecido a veja no banheiro, não irá denunciá-la. Então, rapidamente entre em uma das cabines, espere que ele entre e chame por você, responda abrindo a porta e colocando-o para dentro enquanto investe no amasso. Se forem expulsos do restaurante, não se preocupe, existem outros por aí e a situação ficará eternamente marcada como uma aventura sexual bem inusitada. Se não forem apanhados, ele terá o melhor jantar de sua vida! E com certeza irá querer levá-la para jantar outras vezes.

46

Ousadia, aqui, é a palavra certa. Você já ouviu falar de massagem prostática? É a nova onda do momento. É massagear a próstata do homem com o objetivo de proporcionar a ele extremo prazer. É muito importante que o casal tenha mútua confiança. O homem deve ter segurança e sentir que essa intimidade com você não será revelada às suas amigas, assim ele permitirá e se sentirá relaxado. Saiba que mais de 50% dos homens adoram essa prática, mas não revelam isso à parceira. Seja aquela com quem ele desabafa e divide suas fantasias e faça essa deliciosa surpresa a ele. Prepare o ambiente, ligue o som, tire a roupa dele, deite-o, vista uma *lingerie* sensual, coloque uma luva de látex (obrigatório), espalhe bastante lubrificante no bumbum dele, principalmente na região anal (indispensável), e o acaricie lentamente nas nádegas e em torno do ânus. Faça carinho na região, de maneira lenta, inicialmente apenas insinuando uma penetração. Faça tudo com muita paciência. Depois coloque um dedo no ânus e massageie vagarosamente, para logo em seguida realizar movimentos frenéticos e pouco profundos, depois aprofunde lentamente o dedo. Faça uma busca por imagens na internet para saber onde fica a próstata; não fica muito distante do ânus, seu dedo consegue acariciá-la tranquilamente. Toque-a com delicadeza, estimulando-a. Se sua unha estiver longa, corte-a, para não machucar seu homem. Diga agora para ele se virar. Enquanto retoma a penetração anal, com a outra mão acaricie os testículos e masturbe-o, usando bastante gel ou creme hidratante no pênis e na glande. Faça tudo o mais demoradamente possível, pois torturá-lo potencializa o orgasmo e, junto com a estimulação simultânea dos dois pontos de prazer (glande e próstata), você vai proporcionar ao seu homem um hiperorgasmo.

Você irá brincar com seu parceiro inocentemente, então pegue uma moeda, escolham cara ou coroa e jogue-a para o alto. Diga a ele que quem perder deverá confessar sua fantasia sexual. Em contrapartida, quem ganhar terá a sua realizada! Faça essa brincadeira em um momento em que você queira ganhar a atenção dele sem ter de pedir verbalmente.

48

Quando ele estiver quase dormindo, naquele estado pré-transe, aproxime-se do ouvido dele e comece a falar de suas fantasias sexuais. Fale o que gostaria de fazer com ele qualquer dia ou então diga quanto ama seu pênis, quanto lhe tem dado tesão o sexo com ele e quanto o seu pênis é gostoso e duro. Homens precisam ouvir adjetivos em relação ao seu melhor amigo; as denominações "grande", "duro" ou "latejante" são as que mais os excitam. Com certeza seu homem terá bons sonhos e suas palavras ficarão no inconsciente dele, isso se antes ele não agarrar você, é claro. No dia seguinte diga a ele que irá lhe contar mais histórias de ninar antes de dormirem!

49

Hoje você fará nele uma massagem tântrica. Portanto, deixe o ambiente bem aconchegante, com som ambiente e luz baixa. Espere-o vestida apenas com um robe, sem calcinha, e deite-o de bruços. Diga a ele que lhe fará uma massagem especial. Prenda seus cabelos. Espalhe óleo no corpo dele e comece a massagear suas costas com os seios e o abdome, esfregando suavemente seu corpo no dele – quanto mais oleoso e escorregadio, melhor. Aumente a intensidade. Massageie-o com seu púbis também – esfregue-o no bumbum dele em movimentos circulatórios e depois horizontais. Faça isso suavemente e depois com força, e sinta nesse momento que seu clitóris está sendo estimulado pela fricção e que isso lhe causa prazer também. Afaste as nádegas dele durante a fricção do seu púbis, como se fosse penetrá-lo;

use suas mãos para separá-las. Ele irá enlouquecer de tesão nesse momento: finja que seu clitóris é um pênis prestes a penetrá-lo. Depois, vire-o de frente e deixe-o ver seu corpo. Faça a mesma massagem usando somente seu corpo, sem tocá-lo com as mãos. Movimente circularmente seus seios no peito dele. A única coisa que suas mãos poderão fazer é agarrar a nuca do homem, puxando levemente os cabelos dele para trás a fim de lhe dar maior sensação de prazer. Enquanto massageia o corpo, coloque sua língua dentro da orelha dele, o que tem uma conotação de penetração. Torture-o de prazer, depois ofereça a ele uma vagarosa penetração com você por cima.

A Noite Tântrica será a Noite dos Delírios; diga a ele que você é uma deusa e que ele deve tratá-la como tal. No tantrismo, a figura da mulher é exaltada como uma divindade.

50

Compre um vibrador pequeno no sex shop, de tamanho pouco maior que o de um dedo, e diga a seu parceiro que será apenas para lhe fazer uma massagem e que não introduzirá o vibrador nele. Essa fantasia é para aquele homem com quem você tem intimidade e que esteja aberto a novas experiências. Saiba que os homens sentem muito prazer na região anal, embora nem sempre tenham coragem de admitir. Coloque-o deitado de frente, em posição ginecológica, e aja com tranquilidade, como se para você fosse algo natural. Então coloque um travesseiro dobrado ao meio embaixo do bumbum dele, para que o púbis fique mais elevado e você visualize melhor o períneo e o ânus. Espalhe óleo pelo pênis e comece a massagear os testículos carinhosamente. Depois ligue o vibrador e encoste-o delicadamente nos testículos para que ele sinta a vibração e se acostume ao toque. Sutilmente escorregue o vibrador para o períneo, que fica entre o pênis e o ânus, passando a massageá-lo nessa região enquanto sua outra mão suavemente acaricia o pênis. Quando perceber que está ereto, pegue o vibrador e faça com ele movimentos circulares em torno do ânus, fazendo depois leves compressões, como se fosse penetrá-lo. Nesse momento, masturbe-o vigorosamente e fale palavras picantes. Ele terá um orgasmo intenso, mesmo sem ser penetrado, e poderá depois estar aberto a novas experiências, sentindo-se mais à vontade para confessar até mesmo se gostaria de ser penetrado. Seja a primeira a fazer isso com ele!

Noite das Palavras Picantes. Você terá com ele uma noite carregada de pornografia auditiva. Prepare-se para soltar o verbo e não tenha medo nem vergonha, porque os efeitos dessas frases fazem qualquer homem enlouquecer de tesão, e é isso mesmo que você quer, não é mesmo, amiga? Ainda mais se elas forem ditas ao pé do ouvido, sussurradas. Durante as preliminares, diga: "Amo seu pau, ele é tão duro e gostoso!". Quando ele começar a penetrá-la, fale mais alto: "Que pau gostoso, como cresceu, sinto-o latejar!". No decorrer da penetração, fale: "Você está com tesão também, não está? Estou sentindo que a cabecinha do seu pau está explodindo!". Só por ter ouvido isso ele já estará enlouquecido. Continue a baixaria, quanto menos classe, melhor! Agora diga: "Eu sou sua puta! Come a sua puta, a vadia que todo dia dá pra você!". Quando você quiser que ele finalize, diga: "Me dá toda a sua porra agora, quero seu leitinho bem quentinho escorrendo em mim, quero esse pau todo melado dentro de mim me fazendo gozar". Tenha certeza de que ele não vai aguentar! Ele vai pensar: "Quem é essa deliciosa que saiu de dentro dela?". Olha, amiga, você pode achar todas essas frases desqualificadas e até mesmo bagaceiras; concordo com você, mas concorde também comigo: é exatamente isso que um homem gosta de ouvir na cama! Claro que você não vai despejá-las feito uma metralhadora; diga a primeira frase, sinta a excitação dele aumentar, então diga a segunda frase e assim por diante, até pegar o embalo. Treine antes sozinha: você precisa dizer isso com vigor, de maneira despudorada e firme. Se você não conseguir de jeito nenhum ou não se sentir preparada ainda: pelo menos fale, durante o sexo, que você está gostando, que está excitante, porque o homem precisa de parâmetros sonoros, senão ele acaba achando aquele sexo algo aflitivo...

52

Quando ele chegar em casa, esteja nua, dançando no meio da sala, com os cabelos presos em um coque, segurando uma garrafa de champanhe nas mãos e usando apenas um salto alto. Convide-o para dançar nu com você – certifique-se de estar em um local da sala onde não haja tapetes (para que você não se preocupe em molhá-los), beba alguns goles de champanhe e ofereça a ele. No embalo da música, peça a ele que se ajoelhe à sua frente, então comece a derramar champanhe pelos seus seios – banhe-se de champanhe sem dó! – e diga para ele beber direto do seu púbis. Se você tiver pelos pubianos, uma fina cachoeira de champanhe tenderá a se formar nesse local, e seu homem vai pirar nessa hora! Continue derramando a bebida e peça a ele que beba dos seus seios, do seu umbigo e, por fim, do seu bumbum, enquanto o

líquido escorre pelas suas costas. Depois leve-o para o quarto e façam sexo. Não ligue para os lençóis, depois você lava, pareça não estar nada preocupada.
O importante é ele estar enlouquecido de tesão e nada cortar o embalo do sexo.
O banho fica para depois, juntinhos.

53

Faça uma surpresa para o seu homem: tatue o nome dele nas suas costas com tinta hena, bem próximo ao bumbum – não se preocupe, essa tinta sai em uma semana. Jamais tatue definitivamente um nome, pois você pode trocar de namorado e essa tatuagem poderá se tornar um problema para você mais tarde; além do mais, ele também ficaria demasiadamente confiante pelo fato de ter domínio sobre você, o que não é bom. Comece a transar com ele de frente, com luz baixa, e quando ele estiver enlouquecido vire-se de quatro e acenda a luz do abajur a seu lado. Ele ficará surpreso ao ver o próprio nome tatuado nas suas costas! Essa sensação de poder momentâneo sobre você elevará os níveis de testosterona do seu parceiro e ele ficará mais excitado ainda. Dê a ele, então, a oportunidade de um grande orgasmo.

54

Leve-o ao cinema, mas escolha uma sessão que seja frequentada por poucas pessoas. Prefira as últimas cadeiras. Acaricie o pênis dele assim que começar o filme. Quando você perceber que o lanterninha não se encontra mais na sala, pois geralmente eles saem vinte minutos após o início do filme, ajoelhe-se diante do seu homem e comece a fazer sexo oral. Vá ao cinema usando uma saia e depois peça para ele retribuir. Só posso dizer que vocês não saberão relatar o filme aos amigos mais tarde...

55

Vá ao salão e peça para fazerem um cabelo de diva em você, diga que é para um ensaio fotográfico. Faça uma maquiagem maravilhosa e separe alguns acessórios. Vista aquela *lingerie* fantástica que você comprou. Prepare o cenário onde quer fazer as fotos na sua casa. Assim que ele chegar, entregue-lhe sua máquina fotográfica, faça poses eróticas e sensuais e peça a ele que fotografe. Deixe um champanhe em um balde de gelo para beberem enquanto fazem o ensaio. Vá tirando a roupa aos poucos. Os ângulos e os *closes* são por conta dele, deixe que ele a dirija. Então chame-o para participar do cenário, diga que fará o pagamento por ele ser um excelente fotógrafo e faça sexo com ele em meio ao cenário. Depois vejam juntos as fotos e observe aquela de que ele mais gostou. Imprima e coloque em um porta-retratos no criado-mudo dele, para que se lembre todas as noites daquele momento especial. Faça isso com a sua própria máquina fotográfica, para que você tenha melhor controle sobre as fotos e elas não vazem na internet após um possível término de relacionamento. Lembre-se sempre de que essa é uma surpresa para fazer com uma pessoa em quem você confia muito.

56

Experimente o sexo virtual com quem você tem muita confiança, por meio da *webcam*. Os dois irão se masturbar um para o outro; permita que ele ouça seus gemidos e sussurros. Digite também algumas pornografias para ele e fique de quatro em uma cadeira, mostrando a ele seu bumbum – a câmera tende a aumentar o volume das nádegas –, e rebole até que ele atinja o orgasmo. Aproxime a câmera de seus lábios e passe a língua em torno dela, do outro lado do vídeo a imagem fica sensacional. Chupe pornograficamente seu dedo anular, simulando sexo oral: ele irá ao delírio. Aproxime seus seios da *webcam*, espremendo-os enquanto aperta os braços junto ao corpo (você parecerá a Pamela Anderson, mesmo que tenha pouco seio). Mostre a ele seu clitóris e seu dedo estimulando-o, introduza seu dedo na vagina, depois suba a *webcam* e chupe seu dedo. É orgasmo garantido!

57

Adquira um anel peniano com vibrador e deixe-o embaixo do seu travesseiro. Assim que ele estiver com o pênis ereto, surpreenda-o, colocando o anel, que é de silicone, em volta do membro. Deixe-o bem próximo da base do pênis e ligue-o, em seguida enfie o pênis na sua vagina. A parte que vibra deverá tocar seu clitóris. Tanto você como ele sentirão uma deliciosa onda de prazer e a ereção dele se tornará mais prolongada por causa do anel peniano. Aliás, esse acessório é ótimo para homens que ejaculam rapidinho e para mulheres com dificuldade em ter orgasmos. Uma dica boa é colocar bastante gel lubrificante em seu clitóris. Experimente ficar por cima e faça movimentos circulares com seu quadril, durante a penetração; será uma delícia.
O tempo máximo ideal para permanecer com o anel é de trinta minutos, que é o tempo de duração da bateria. É muito fácil uma mulher ter orgasmos com o anel peniano com vibro.
E como são bons!

58

Coloque um bilhete na carteira do seu homem sem que ele veja. Escreva: "Jantar hoje às 19h. Não se atrase, a noite promete!". Ele já saberá que haverá sexo e vai pensar nisso tão logo veja o bilhete. Então, prepare a mesa na cozinha – não sirva na sala, porque o objetivo é ele ver você cozinhando para ele completamente nua, usando apenas um avental. Produza seu cabelo e sua maquiagem. Deixe semipronto o prato que irá servir. Assim que ele chegar, sirva o vinho (não tomem a garrafa toda, pois vinho dificulta a ereção. O mais indicado, aliás, seria uma dose de uísque), bebam juntos enquanto você acaba de preparar o prato e seu bumbum fica visível, empinado para ele com a ajuda do salto alto. Aumente o som! Enquanto você cozinha, rebole para ele e dance, empine mais ainda o bumbum enquanto apoia os cotovelos na pia para

descascar algo. Se ele quiser agarrá-la,
não permita ainda... De preferência,
escolha um prato que vá ao forno;
enquanto não fica pronto, abaixe as calças
dele, faça sexo oral nele na cozinha,
sentado no banco ou recostado na pia.
Depois convide-o para o sexo no quarto.
Só não se esqueça do prato no forno!
Na hora de jantar, sirva-o ainda nua.

59

Vista-se de preto e use botas até o joelho ou salto alto e meias 7/8. Coloque uma máscara nos olhos, como a da Mulher-Gato, à venda em sex shops. Prenda seu cabelo em um rabo de cavalo. Use luvas pretas e um chicote. Assim que ele entrar em casa, ordene-lhe que tire a roupa. Faça-o ficar de costas para você e de frente para a parede. Sussurre no seu ouvido: "Esta noite você vai fazer tudo o que eu mandar!". Então afaste-se dele e chicoteie carinhosamente seu bumbum, dizendo: "A partir de agora você vai me chamar somente de senhora!". Se ele falar algo, chicoteie-o novamente no bumbum e diga: "Aqui você só fala se eu mandar!". Recoste-se no sofá e ordene: "Agora, escravo, faça sexo oral em mim até quando eu mandar!". Abra suas pernas. Quando ele terminar, fique de quatro no sofá e diga: "Por trás, ande, penetre sua senhora, estou mandando!".

Continue dando ordens: "Mais forte! Mais rápido!". Dirija o sexo conforme seu desejo. Quando você perceber que ele está no auge da excitação, diga: "Agora eu permito que você goze!". Quando tudo terminar, diga: "Bom trabalho, meu escravo!". Guarde os acessórios e volte a ficar doce novamente com ele, que estará extasiado com a experiência! Não se preocupe, numa situação dessas até o presidente dos Estados Unidos obedece...

60

Convide-o para o banho. Quando os dois estiverem no chuveiro, dê a ele uma deliciosa visão. Retire o bocal do chuveirinho e comece a se masturbar com a água, direcionando o jato em movimentos circulatórios sobre o seu clitóris. Se você ainda não fez isso, saiba que é completamente orgásmico! Diga ao seu parceiro que você faz isso desde a adolescência; ele ficará louco imaginando a cena por diversas vezes. Para ele ter uma visão melhor de tudo, diga-lhe para se sentar no chão ou deitar. Continue em pé e com as pernas afastadas. Incentive-o a se masturbar enquanto ele vê você chegar ao orgasmo com o jato de água da mangueira do chuveirinho no seu clitóris. Se vocês conseguirem ter um orgasmo simultâneo, será mais fantástico ainda! Saiba que dessa forma você atingirá o clímax mais rápido do que em um papai-mamãe.

61

Enquanto estiverem em uma reunião de condomínio ou entre amigos, comece a provocá-lo sem que as outras pessoas percebam. Sussurre frases provocantes ao ouvido dele, aumentando o nível da obscenidade gradativamente. Comece dizendo que você está com muito tesão, depois diga: "Estou com vontade de chupar seu pau!". Fale "pau" sem vergonha alguma; a palavra "pênis" não surte muito efeito para os homens. Acaricie-o discretamente e vá provocando-o. Mesmo estando ao seu lado, envie a ele uma mensagem obscena pelo celular. Se tiver oportunidade, convide-o para ir rapidinho ao banheiro para um belo amasso, pelo menos. Diga que o espera lá. Saiam discretamente, primeiro um, depois o outro, por favor, né?

62

No início da noite ou na madrugada proponha para ele uma fantasia diferente. Diga que sente que podem ser observados pela janela e que isso a excita. Então, abra bem a janela do quarto: a possibilidade de serem vistos por vizinhos fazendo sexo irá excitá-los. Fantasie ao ouvido dele, dizendo que os vizinhos estão olhando. Diga: "Estão nos olhando, veja, eles estão gostando". O ideal é que a noite seja de lua cheia, para clarear o quarto. Se for uma noite escura, ligue a TV sem som, a luz da imagem irá clarear o quarto. Se sentirem vontade, vão até a janela, fique exposta com os seios de fora e peça a ele que a penetre por trás – faça isso somente de madrugada, pelo fato de ser menos provável haver pessoas andando na rua. A possibilidade de serem apanhados gera maior excitação. Só não se surpreenda se ao final perceber algum vizinho espiando...

63

Você nunca foi a uma casa de *swing* e não pretende transar com outras pessoas, mas gostaria de conhecer o lugar? Pode ir, ninguém é obrigado a participar de orgia alguma só porque entrou. Apenas crie coragem, entre com ele, vá direto à cama gigante que há em todas as casas de *swing*, faça sexo com ele de forma selvagem e dominadora, sendo observados por outras pessoas, e, assim que terminarem, saiam da casa. Não se preocupe, em casas de *swing* um simples "não, obrigado" todos entendem. Vocês também podem usar as cabines individuais ou fazer sexo nos quartos de treliça, nos quais o casal entra e os demais ficam apenas olhando pelas treliças, sem poder tocá-los. Enquanto fazem sexo, diga ao ouvido dele que uma multidão está observando vocês e que estão adorando – homens têm fetiche por sexo em público.

64

Busque por uma sauna para casais na sua cidade. Faça sexo oral com ele ou sexo com penetração em meio ao vapor; se você fizer anal, então, essa aventura será muito mais emocionante. Uma dica bem importante: fiquem na parte mais distante da entrada da sauna, porque quem entra não consegue visualizar de imediato o que está acontecendo no ambiente, é como se a pessoa estivesse na claridade e entrasse em um lugar escuro – leva alguns segundos até os olhos se acostumarem com a baixa luminosidade, e nesse meio-tempo vocês conseguem se recompor. Experiência própria...

65

Vista-se de professora, usando uma saia curta, óculos, meias 7/8 e salto alto. Diga ao seu parceiro que você irá fazer uma prova oral com ele, que agora será o seu aluno. Deite-se e diga para ele deixar a língua bem molinha e escrever com a ponta dela o abecedário completo no seu clitóris. Depois é a vez dele: você vai escrever somente com a pontinha da língua as letras do alfabeto completo, tocando apenas o freio do prepúcio, que é a região mais sensível do pênis (procure fotos na internet ou em um livro de anatomia). É exatamente esse o local que faz um homem delirar de prazer, ele é capaz de atingir o orgasmo somente com a estimulação desse ponto. Tenha senso de humor: em dado momento, diga que ele está ótimo e que é um aluno muito aplicado. Homens adoram sexo com humor. Se ele não estiver fazendo como você gosta, corrija-o!

66

Durma 100% nua ao lado do seu parceiro e peça a ele que faça o mesmo. Isso cria intimidade entre o casal. No meio da noite, coloque na palma da sua mão gel "esquenta-esfria" (que você compra em um sex shop) e acaricie o pênis dele, principalmente na glande; você perceberá que ele irá reagir quase instantaneamente. Masturbe-o dando-lhe uma sensação diferente de toque, com o gel esquentando e esfriando. Pegue as mãos dele e coloque sobre seu corpo. Por fim, parta para a penetração; você também terá a sensação excitante do gel enquanto ele esquenta e esfria. Surpreenda seu homem sendo a parte ativa do sexo, sem esperar por ele. Essa fantasia sexual é para relacionamentos que são estáveis e que não fazem uso de preservativo. Se for o caso, coloque a camisinha nele depois de ter passado o gel, pois ele não danifica o preservativo. Você poderá usar o gel também como um lubrificante vaginal extra.

67

Convide-o para ir aos andares mais altos do seu edifício ou de um edifício qualquer, para fazerem sexo nas escadarias. Quanto mais alto o andar, menor o risco de serem apanhados. Para facilitar, vá de saia e ele de bermuda com zíper na frente. Usem também as paredes do corredor para fazer sexo em pé. As escadarias são perfeitas para o sexo oral. Cuidado com câmeras de monitoramento.

68

No dia do aniversário dele, contrate uma *stripper* para fazer uma *performance* particular para vocês dois em um motel. Combine com ela que assim que vocês entrarem você ligará dando o sinal de que ela já pode vir. Peça a ela que entre sem se anunciar, enquanto você aumenta o som; tudo o que é inesperado é mais excitante. Assim que ela terminar o *striptease*, agarre-a (combine isso com ela antecipadamente também): ele ficará surpreso e enlouquecido. Façam sexo a três e diga que ele merece mais do que ninguém aquele presente. Depois despeça-se dela e fique a sós com ele.

69

Ligue a *webcam*, coloque-a em uma posição em que seus rostos não possam ser vistos e permita que pessoas no mundo inteiro vejam vocês em ação. Criem um perfil *fake* de casal e um blog em que contam a rotina sexual de vocês. O barato dessa fantasia é o de ninguém jamais descobrir quem são vocês, como uma espécie de identidade secreta do casal.

70

Homem adora 69! Simplesmente A-D-O-R-A! Então vamos fazer uma surpresa indo direto para esse ponto. Você tem uma mesa forte? Se tem, coloque-a no meio da sala. É ali que você vai estar na hora em que ele chegar. Convide-o para se deitar e, sem cerimônia, coordene a orquestra: fique de quatro por cima dele, vire seu bumbum para o lado da cabeça dele e deixe-o fazer sexo oral em você enquanto você faz nele. Vou lhe dar uma dica de ouro para deixar sua vagina cheirosa e extremamente limpa antes de começarem o sexo oral. Compre na farmácia um envelope de Flogo-rosa® e uma duchinha higiênica, coloque 1/3 do envelope dentro da duchinha, complete-a com água, introduza o cone da duchinha higiênica na sua vagina e espirre o líquido todo lá dentro – o líquido escorrerá, portanto, faça isso dentro do box do banheiro ou sentada no vaso sanitário.

Se você tiver algum odor, cândida leve ou fungo, tudo desaparecerá em segundos. Não se preocupe em lavar com água sua vagina após utilizar Flogo-rosa®,
pois ele não sentirá o gosto do produto. Se possível, depile-se do clitóris para baixo. Depois, ouse rebolar enquanto vocês aproveitam o 69. Esse será o melhor sexo oral da vida dele!

71

Grave em seu celular pequenos sussurros e gemidos e envie a ele. Caso o celular dele ou o seu seja de um modelo simples, vale a pena fazer isso por e-mail: grave no microfone do seu computador sua voz sussurrando frases eróticas sobre o pênis dele, o tamanho da sua calcinha, seu tesão incontrolável, e envie a ele em horário de trabalho. Se você não tiver muita criatividade nessa hora, vale ler um conto erótico da internet com voz sensual.

No e-mail ou mensagem em que enviar a gravação, seja "didática": "Ouça com fones de ouvido. Material altamente inflamável!".

72

Diga a ele que vocês têm compromisso e leve-o de surpresa a um teatro erótico. Geralmente as peças incluem sexo explícito e o enredo contém muito humor. Quem assiste fica acomodado em cadeiras como se estivesse em um teatro convencional. Geralmente há camarote no piso superior privativo, onde o casal de espectadores pode assistir à peça sem ser visto pelos demais. Se não houver um desses teatros na sua cidade, procure por um quando for viajar para alguma cidade grande. É uma diversão adulta diferente e sensual. Faça sexo com ele no teatro sem que outras pessoas possam ver.

73

Na Páscoa, presenteie seu homem com chocolates eróticos em forma de bumbum. Se você não encontrá-los para pronta entrega, vá a uma casa especializada em plásticos e adquira forminhas eróticas, facilmente encontradas. Há também formas com formato de seios e diversos tipos de corpos femininos. Depois é só derreter o chocolate ao leite em barra no micro-ondas, preencher as forminhas, levar à geladeira e desenformar assim que esfriar. Vista uma calcinha fio dental, coloque uma tiara de orelhinhas, suba no salto e entre no quarto segurando a cestinha com os chocolates eróticos. Pergunte se ele quer e ofereça o chocolate a ele colocando-o em sua boca e dizendo que vá pegar. Se você encontrar forminhas em forma de pênis, vale a pena também; ele achará muito erótico ver você colocando um pênis de chocolate na boca. Eita, Páscoa!

74

Apareça na frente dele usando somente uma camisola branca de *voile* e mostre a ele o que você esconde por baixo: uma depilação completa da sua virilha e da região anal, que fará você própria sentir mais prazer ao ser tocada – acredite em mim, pois a superfície torna-se mais lisa. Faça isso com cera, na depiladora (vale a pena!), pois, se você fizer com gilete, depois de três dias os pelos crescem e irão incomodá-la. Escreva em seu púbis, usando uma caneta comestível de sex shop, a seguinte frase: "TODA SUA!".

75

Sequestre-o no horário de trabalho
e leve-o imediatamente para o sex shop.
Diga a ele para escolher o "brinquedinho"
que mais lhe agradar. Investigue o
sex shop junto com ele e observe suas
reações, assim você saberá do que ele
mais gosta. Invistam também na busca
do que os dois mais gostam. Depois que
escolherem, devolva-o ao escritório e
diga que o brinquedinho que escolheram
juntos estará esperando por ele à noite.
Ele ficará pensando em você a tarde toda!
Essa é uma boa estratégia para aqueles
namorados fujões que ao
final da tarde curtem se reunir com
os amigos para uma cervejinha.
Ah, que cervejinha, o quê!

76

Em uma data comemorativa, em que lhe falte dinheiro para um presente sofisticado, dê a ele um presente criativo. Você fará fotocópias de seu talão de cheques e preencherá, no lugar dos valores numéricos, fantasias sexuais ou posições que você topa realizar. Diga a ele que pode descontar o cheque quando quiser. Coloque o talão de cheques em uma caixa com os dizeres "Presente Milionário".

77

Faça sexo anal com ele pela primeira vez em uma data comemorativa. Se for sua primeira vez, use bastante gel anestésico (à venda em sex shops) para sentir-se mais confortável, mas antes aplique uma ducha higiênica para esvaziar o intestino e manter-se limpinha durante o ato. É fácil: aproxime a mangueira do chuveirinho do ânus, sem o bocal, e ligue a água – não precisa introduzir, naturalmente ela entrará. Então, quando sentir vontade de evacuar, sente-se no vaso sanitário. Repita o procedimento três vezes. Isso evitará dor e manterá você limpa. Fiquem de ladinho para facilitar a penetração, como se estivessem deitados de conchinha. Enquanto ele penetra você, masturbe-se usando um lubrificante à base de água, dessa forma você facilmente atingirá o orgasmo, o que será para ele um grande presente! Tome cuidado para não tocar o clitóris com gel anestésico nos dedos, pois nesse caso você deixará de senti-lo – e orgasmo e anestesia não combinam. Deixe-o saber claramente que você nunca fez sexo anal, isso dará a ele sensação de poder. Se você já fez com algum outro namorado, omita essa informação. Não se preocupe, sexo é um jogo e você não vai para o inferno. Para tornar o sexo anal mais excitante ainda, traga para a cama o vibrador e, enquanto ele a penetra por trás, coloque o vibrador em sua vagina ou estimule seu clitóris com ele. Muitos, mas muitos homens têm a fantasia da dupla penetração.

78

Faça para ele uma dança provocante, brilhosa e sensual, diferente de tudo o que ele já imaginou! Nessa dança você vai brilhar muito no escuro. Faça desenhos abstratos no seu corpo ou escreva palavras sensuais como *Sexy* ou *Love* usando pó que brilha no escuro. Escreva as palavras com cola transparente em seu corpo e jogue o pó por cima. Existe em diversas cores, e o ideal é fazer a arte no seu corpo o mais colorida possível. Então, vista uma roupa leve por cima, que seja fácil de tirar, e coloque uma lâmpada de luz negra no teto do quarto. Quando ele chegar, ligue o som em uma música vibrante – se vocês dois curtirem balada *rave*, melhor ainda –, deixe somente a luz negra acesa, vá dançando e tirando a sua roupa, você vai brilhar muito! Pinte círculos em volta dos seus seios, flechas indicando o púbis, corações no seu bumbum... Quanto mais pintada você estiver, melhor. Por fim, jogue-se sobre ele e faça movimentos rápidos na penetração. O sexo entre vocês parecerá surreal!

79

Vende os olhos do homem, para que as expectativas dele aumentem, e amarre-o na cama. Então pegue uma pena de pavão e passe-a pelo corpo dele durante uns quinze minutos – a sensação que causa é muito excitante. Acaricie entre os dedos do pé dele, o interior das coxas, o períneo, os testículos, percorra o pênis todo e acaricie o prepúcio. Suba em direção ao peito, acaricie os braços, faça movimentos circulares nos mamilos dele. Acaricie o freio do prepúcio com a pena. Caso opte por não amarrá-lo, peça-lhe que se vire e acaricie o bumbum dele e a espinha dorsal com a pena e vá subindo até a nuca. Vire-o de frente, e lembre-se, assim deve ser por no mínimo quinze minutos, até que ele atinja o pico de excitação, um estado de excitação diferente do habitual, porque ele entrará em êxtase e ao mesmo tempo em estado de ansiedade causado pelo excesso de tesão acumulado. Nessa situação você entenderá bem o que é uma pessoa se contorcer de tesão, então, quando identificar esse estágio, monte no pênis dele, sem tirar-lhe a venda. Fique por cima, assim você exerce o papel de dominadora, o que deixa tudo mais excitante na mente dele. Faça a penetração enquanto acaricia o peito dele ainda com a pena. A tendência é ele ejacular rapidamente após a penetração, tendo um orgasmo colossal.

80

Ah, você gosta de efeitos especiais, é? Então compre gelo-seco e coloque-o em baldes com água pequenos no seu quarto, ao redor da cama. Você verá a água borbulhar e soltar fumaça. Se você quiser um efeito mais especial ainda, coloque anilina colorida na água e o gelo-seco e, em vez de usar pequenos baldes, escolha vasos de vidro. Apronte essa surpresa enquanto seu homem estiver tomando banho, para que ele fique de boca aberta assim que sair do banheiro. Você também pode incrementar esse visual com o *laser* de teto direcionado para a cama, onde você estará esperando por ele atrevidamente.

81

Faça a noite do *fondue* na sua cama! No inverno os programas a dois dentro de casa são muito bem-vindos. Então arrume uma pequena mesa ao lado da sua cama, com pequenos potes contendo frutas como nozes, banana em rodelas, morango e uva. Derreta o chocolate na panela do *fondue* e banhe as frutas no chocolate derretido com um garfo próprio. Sirvam um ao outro da panela diretamente para a boca. Coloque um filme com cenas sensuais e românticas para assistirem juntos – sugiro o filme *9 Canções*, de 2004 (antigo, porém muito sensual). Então, em determinado momento, peça ao homem que se deite, pegue uma colher e banhe o pênis dele com a calda de chocolate. Lamba toda a calda. Depois faça o mesmo em você, em seu clitóris, e peça para ele lamber. A sensação térmica do chocolate derretido e da boca quente é muito gostosa. Repitam quantas vezes tiverem vontade! Coloque algumas frutas próximo à entrada da vagina e peça a ele que as apanhe com a boca.

82

Faça um curso de *pole dance*, sem que ele saiba – diga que vai à academia ou às aulas de dança de salão, por exemplo. Será inesquecível se ele for surpreendido com uma *performance* sua sem jamais imaginar que isso seria possível. Então, quando você estiver com uma coreografia pronta, mesmo que simples (em dois meses isso já é possível), hospede-se em um quarto de motel que tenha uma barra de *pole dance*. Deixe-o avisado de que vocês terão um compromisso à noite. Quando estiver pronta, ligue para ele e diga-lhe que deve se dirigir para o motel em questão. Quando ele chegar, solte o som e comece a dançar para ele, que ficará enlouquecido e de boca aberta. Esteja usando uma máscara para incrementar o figurino e para que ele fantasie que você é outra pessoa. Essa noite vai ser demais! Você também pode optar por fazer dança do ventre.

83

Use seu celular para se filmar enquanto se masturba, sem mostrar seu rosto – afinal, por algum descuido isso poderia cair na internet –, e envie o vídeo para o celular dele. Tenha certeza de que ele aparecerá em casa assim que possível!

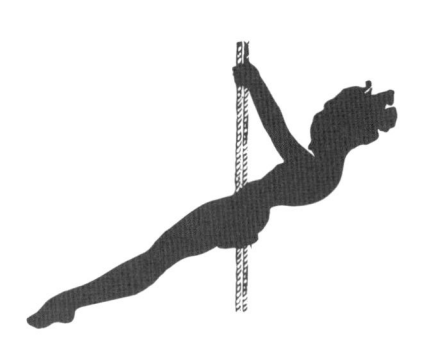

84

Quando ele estiver na sala ou no quarto, deixe cair uma panela de metal vazia no chão, assim ela fará um barulhão. Então, vá cambaleando até ele e diga que está machucada e sentindo dor. Quando ele perguntar onde dói, levante a saia (esteja sem calcinha), aponte para seu clitóris, sorria e diga: "Bem aqui! Venha me curar! É só beijar que sara!".

85

Quando ele estiver dirigindo, e você sentada ao lado, tire sua calcinha e jogue-a no painel do carro, bem na frente da direção. Procure fazer isso quando ele estiver em uma rua com pouco movimento e dirigindo devagar. Então passe para o banco de trás do carro e ajuste o retrovisor, a fim de que o espelho mire o que acontece no banco traseiro. Mostre a ele seus seios pelo retrovisor, afinal, ele não poderá se virar para ver, e isso passa a ser voyeurismo, o que excita os homens. Deite-se no banco para que ninguém na rua possa vê-la, tire toda a sua roupa, jogando peça por peça no banco da frente, passe a se tocar e a gemer. Não tenha dúvida de que o trajeto vai mudar para o motel mais próximo que houver no caminho.

86

Surpreenda-o pela manhã ao acordar – essa é uma tara de 99% dos homens, que a mulher acorde-os disposta para o sexo –, tome você a iniciativa e faça o dia do seu parceiro valer a pena. Com certeza ele sairá para trabalhar com um sorriso de orelha a orelha e vai produzir muito mais! Então, simplesmente, na noite anterior, sem que ele saiba, programe o despertador para tocar uma hora antes do horário habitual em que vocês acordam e, quando tocar, diga bom-dia, vire-o de barriga para cima, tire o pijama dele rindo e inicie com um maravilhoso sexo oral. Logo em seguida, parta para cima dele. Na noite anterior, deixe a mesa posta na cozinha, de forma caprichada, então, pela manhã, após o sexo, chame-o para tomar café com você, dizendo que há tempo de sobra. Tomar café da manhã juntos aproxima mais ainda as pessoas.

Mulher não precisa saber cozinhar, tampouco deve ser submissa, mas fazer um prato especial para ele de vez em quando conta pontos para você. Ele ficará lá admirando-a, sentado, enquanto você prepara o café, então, amiga, faça ovos mexidos para ele, que irá adorar a ideia. E, é claro, em outro dia ele faz café para você.

87

Você conhece a calcinha vibratória com controle remoto? É uma delícia capaz de fazer a mulher atingir vários orgasmos. Vista uma dessas e sugira a ele um passeio ao shopping ou um jantar no restaurante. Entregue o controle remoto para ele, que poderá intensificar a vibração da calcinha na região do seu clitóris ou suavizar os movimentos mediante um botão que fica no controle remoto e que não tem fio! Assim ele terá controle sobre seus orgasmos e poderá vê-la tendo vários, mesmo no meio de outras pessoas, que nem sequer vão imaginar o que pode estar lhe acontecendo. Lembre-se de pedir a ele que não ligue na potência máxima enquanto você estiver fazendo seu pedido ao garçom...

88

Combine previamente com um taxista se ele topa dirigir enquanto você faz sexo com seu namorado no banco de trás. Combine que ele vai ter que fingir que não está vendo nem sequer percebendo nada. Não necessariamente você vai tirar sua roupa ou fazer algo escancarado; se preferir, poderá apenas masturbar seu namorado ou praticar sexo oral com ele. Essa empolgante aventura vai fazer seu homem simplesmente ficar eufórico e excitado pelo fato de poder ser apanhado, enquanto você estará tranquila e dedicada ao sexo, sem ele saber que o motorista é seu cúmplice. Nunca conte a ele que você e o taxista combinaram, deixe-o pensando que você é livre, ousada e corajosa sexualmente falando.

89

Convide-o para ir a uma praia de nudismo. É uma experiência bastante excitante. Ninguém vai fazer sexo em público, pois é proibido, mas a simples ideia de estar caminhando nu ao ar livre já causa sensações eróticas no corpo, que poderão ser muito bem desfrutadas depois, mais à noite. As praias de nudismo são organizadas com espaço para solteiros de um lado e espaços para casais de outro, a fim de se manter a ordem. Eu recomendo a Praia do Pinho, em Santa Catarina. Pensem que poderão tomar sol nus tranquilamente, deitados na areia, porque há guardas cuidando da segurança nas praias de nudismo – não que seja 100% impossível fazer sexo na praia; além do mais, nada que um mergulho a dois não resolva. Se ele nunca foi a uma praia de nudismo, será uma

aventura erótica inesquecível. E não se
preocupe se você estiver acima do peso,
a maioria das pessoas que frequenta
o local também está, sem falar que
você estará concentrada nele e ele em
você. Aproveitem para fazer massagem
relaxante um no outro, sob
o sol (mão boba, só quando o guarda
não estiver olhando).

90

Passe apenas umas gotas de perfume em três partes do seu corpo, por exemplo, na nuca, na sola de um dos pés e no ânus. Diga a seu namorado que ele deve cheirar seu corpo inteiro e, se ele descobrir quais são os três pontos em que você pôs perfume, você realiza a fantasia sexual dele. Se errar, o "castigo" dele será realizar a sua fantasia sexual, e ele não poderá se negar!

91

Nesta fantasia ele só vai olhar, olhar e olhar... O voyeurismo é altamente excitante aos homens, desde que são crianças. Por que você acha que, quando pequenos, eles gostam de ficar embaixo das escadas para espiar as mulheres de saias quando elas sobem os degraus? Dê a ele a oportunidade de espiá-la. Pode ser enquanto você se depila, por exemplo, ou quando troca de roupa (deixe a porta entreaberta "sem querer"), ou ainda quando você se deita na cama e coloca um espelho entre as pernas para se olhar. O barato aqui, para ele, é você não perceber que ele a está observando enquanto você se observa. Acabou de observar sua vagina? Então, inocentemente, comece a espalhar creme por todo o seu corpo. Duvido que nessa hora ele não vá ajudá-la.

92

Já pensou em fazer uma maravilhosa espanhola? Antes de tudo, coloque lubrificante ou hidratante entre seus seios, assim o pênis deslizará mais facilmente. Se você tem seios pequenos, médios ou grandes, não importa, de todo jeito terá de juntá-los com o auxílio das mãos a fim de friccionar o pênis entre os seios. Procure fazer com que suas mãos fiquem próximas à aréola na hora de juntá-los, e com a ajuda de seus dedos acaricie a glande quando ela começar a ir e vir entre as mamas. Não há nenhum problema se as mãos auxiliarem, até mesmo porque seios extragrandes também precisam de ajuda. Mais importante do que comprimir nas laterais é pressionar o pênis contra o osso do seu peito, pois dessa forma o freio do prepúcio será estimulado contra ele – é nesse ponto que se faz mais necessária a lubrificação. Se for um pênis grande, você ainda terá a oportunidade de tocar a glande com a língua. Mas como fazer que isso se torne uma fantasia sexual especial?

Durante o jogo de futebol, amiga! Enquanto vocês estiverem assistindo à TV, no exato momento em que houver intervalo, vá rapidamente até o quarto, vista um uniforme sensual do time de futebol do seu parceiro (geralmente é um top com sainha, meia e salto alto), ajoelhe-se diante dele, tire sua blusa, espalhe o óleo entre os seios e comece a brincar com ele. Surpreenda-o! Aposto que é capaz de ele nem dar tanta importância assim para o começo do segundo tempo...

93

Se você tiver um parceiro que tem problema de ejaculação precoce, fator que pode impedi-la de ter total satisfação nas realizações de suas fantasias com ele, vou lhe dar uma dica que vale ouro e que irá prolongar a ereção sem que ele nem sequer imagine como. Você vai fazer o seguinte: irá colocar no canto do criado-mudo uma gota de Emla Creme, que é um anestésico tópico que as mulheres usam na região dos olhos antes de aplicar Botox a fim de não sentir a picada da agulha – compra-se na farmácia, é barato e não precisa de receita. Então você iniciará nesse homem as preliminares, como carícias e sexo oral, e, assim que o pênis estiver todo ereto, você discretamente passará seu dedo no criado-mudo, sem que ele perceba, e irá apanhar aquela gota de Emla, acariciando com o dedo exatamente o freio do prepúcio, sem espalhar o produto por todo o pênis. Saiba que, sem ele perceber, essa região começará a ficar anestesiada e, portanto, menos sensível, garantindo assim o prolongamento da ereção. Ele vai achar o máximo o fato de o sexo estar fluindo sem a ejaculação precoce e vai atribuir esse feito maravilhoso ao sexo com você!

94

Lave o carro dele de maneira erótica! Ele vai adorar ver seus dois amores se dando bem. Faça o seguinte: corte uma bermuda e faça dela um shortinho bem curto, em que apareça metade do bumbum, e bem cavado na frente. Faça o mesmo com uma camiseta branca, transformando-a praticamente em um top e deixando a metade inferior dos seios aparecendo (não use sutiã). Ligue o som do carro bem alto para chamar a atenção dele e fingir que não o ouve por causa do som. Com certeza ele irá até você. Deixe os cabelos soltos, os pés descalços e comece a lavar o carro. Pegue a mangueira e molhe o carro, molhando também sua blusa, deixe o tecido colar nos seios e faça de conta que não está dando bola para isso. Depois ensaboe o carro, "sem querer" ensaboe a blusa também, abaixe-se provocantemente, deixando o bumbum empinado para lavar as rodas. Enxágue o carro – você não precisa limpá-lo exemplarmente, é apenas uma exibição feminina, então, tire sua blusa, torça-a e tire com ela o excesso de água da lataria do carro. Finja que não está percebendo que ele está olhando. Depois, tire o shortinho para limpar com ele os vidros – esteja sem calcinha! –, abra a porta do carro e entre nele, fique de quatro com o bumbum virado para fora e abaixe-se para limpar melhor os bancos. Esqueça! A limpeza, nessa hora, não importa mais, ele já entrou no carro! Aproveite o som e façam sexo no banco da frente, de trás, em cima do capô, de pé encostados no carro – pode, inclusive, ser uma moto em vez de um carro. Só um detalhe: essa fantasia é apenas para quem tem garagem privativa em casa...

95

Comece a chamá-lo por um apelido novo, sem que mais ninguém saiba, como, por exemplo, "Dyo", e faça isso cerca de três dias antes de colocar em prática a fantasia. Então, coloque no muro em frente à casa dele (faça isso de madrugada para que ninguém saiba que foi você) um cartaz com os dizeres: "Dyo, você me enlouquece de tesão". Espalhe outras frases mais picantes no trajeto dele para o serviço ou de volta do serviço para casa, como por exemplo: "Dyo, quero beijar sua boca" ou então "Dyo, você é muito gostoso!". Em frente ao serviço dele, coloque uma faixa – de madrugada, para que ninguém veja quem a colocou – com a frase: "Dyo, esta noite promete, vou te enlouquecer!". Se você tiver uma verba extra, está valendo até mesmo um *outdoor* (nas cidades em que sua utilização é permitida), caso contrário, faixas e cartazes já são superlegais, o ar artesanal deixa interessante o contexto todo. Como as frases não são pornográficas, as pessoas não irão retirar as peças. À noite, coloque em prática uma destas outras 99 dicas de sexo para completar a surpresa.

96

Quando ele for tomar banho, apareça nua e diga: "Amor, decidi que por você ser um homem maravilhoso, está merecendo um tratamento de rei, e eu trouxe um presente para recompensá-lo". Então, abra a porta do banheiro e mostre a ele sua amiga, totalmente nua. Entrem as duas juntas no banho com ele, sem se preocuparem com o cabelo (homem ama mulher que se excita a ponto de não dar a mínima importância para a escova no cabelo). Alternem as posições: uma faz sexo oral enquanto a outra o beija na boca, depois as duas fazem sexo oral nele juntas, depois as duas levantam e o beijam (sequência perfeita na imaginação de um homem). Se rolar um clima, beijem--se as duas, homens adoram a cena de duas mulheres juntas. Saiam do banho e vão todos para a cama. Assim que o sexo terminar e ele for ao banheiro, agradeça

a sua amiga, que poderá inclusive ser
uma garota de programa. Ela deverá
ir embora e você ficará a sós com ele.
Sexo e intimidade são coisas diferentes.
Você deverá ser sempre a única mulher
verdadeiramente íntima a ele. Diga ao seu
homem que quando ele se comportar bem
você lhe dará outro prêmio.

97

Faça um *book* sensual com uma fotógrafa de confiança. Peça para imprimir as fotos em folhas duplas em papel cuchê (baratíssimo), assim você pode dobrar ao meio, grampear, e ficará parecido com uma revista. Na primeira foto, faça uma arte-final, colocando a logomarca de uma importante revista masculina. Pronto! Agora você é a garota da capa! Envie a revista para ele pelo correio (pode ser para o trabalho dele ou para sua própria casa), colocando a etiqueta "Exemplar do assinante". Faça manchetes na capa da revista, como, por exemplo, *Os lugares mais ousados para uma noite de sexo*, inclua no meio da revista uma entrevista sua consigo mesma respondendo às perguntas se tem namorado, onde gosta de transar, qual sua fantasia sexual e algum relato erótico sensual seu. Quando ele chegar em casa, esteja usando a mesma *lingerie* do ensaio. Ele irá ao delírio! Estará prestes a fazer sexo com a garota da capa. Depois, pergunte qual foi a foto de que ele mais gostou e coloque-a na tela de proteção do notebook pessoal dele sem que ele saiba – será uma segunda grande surpresa ter uma vista tão sensual como aquela e uma excelente lembrança ao mesmo tempo quando ele ligar o computador. Essa surpresa deve ser feita para o homem com quem você tem um relacionamento estável e em quem confia; não faça com alguém que você acabou de conhecer.

Coloque uma caixa grande no meio da sala, de onde seja possível você sair da mesma forma que uma *stripper* sai de um bolo. Decore a caixa por fora como você preferir, entre nela vestida com sua melhor *lingerie* e fique em total silêncio. Deixe um aparelho de som em frente à porta, com um bilhete enorme em cima dizendo: "LIGUE E ENLOUQUEÇA!". Assim que ele ligar o som você sai de dentro da caixa. Use uma música de cabaré para essa fantasia sexual – minha sugestão é a música "I'm a Good Girl", da cantora Christina Aguilera. Comece a tirar as primeiras peças somente quando a orquestra passar a tocar de forma mais significativa, com 1min50s de música; antes disso, apenas rebole e mostre suas curvas. Use nos seios ponteiras para os mamilos, que são adesivos com franjinhas delicadas na ponta. Assim, quando você tirar o sutiã, causará mais expectativa.

99

Monte uma caixa surpresa e mande
para o trabalho ou para a casa dele,
por meio de um entregador de confiança.
Envolva a caixa em um papel pardo escrito
CONFIDENCIAL e coloque por fora um
envelope contendo a seguinte informação:
"Esteja sozinho ao abrir". Dentro da caixa
coloque preservativos de vários sabores,
gel comestível para sexo oral, uma vela
afrodisíaca, uma calcinha fio dental,
bolinhas afrodisíacas, um anel peniano
com vibra (tudo isso você compra em
um sex shop) e um bilhete com a
hora e o local do encontro dizendo:
"Traga nossa caixa junto". Ele não vai
parar de pensar em você nem por um
minuto durante o dia.

100

Acabou de fazer sexo? Você matou a pau com estas dicas e ele está completamente extasiado com a deusa do sexo que você é? Ele enlouqueceu, descobriu uma mulher misteriosa, depravada e provocativa e está em completo frenesi, perguntando-se até agora de onde é que você saiu? Então, é hora de finalizar todo o rito sexual de forma perfeita: depois do sexo, você será carinhosa com ele. Nesse momento, dispa-se do seu *alter ego* de devoradora sexual e seja carinhosa, mexa no cabelo dele delicadamente, abrace-o, beije-o, segure a mão dele. Não faça isso de forma pegajosa e parecendo carente, mas de forma carinhosa. É importante você saber que homens gostam de ver, em sua parceira, vários estilos de mulher ao mesmo tempo. Se ele souber que você pode ser qualquer uma que ele desejar e que você desejar, então, amiga, ele vai te endeusar.

Visite nosso site e conheça estes e outros lançamentos

www.matrixeditora.com.br

Cem homens em um ano

Nádia Lapa é o nome verdadeiro de Letícia Fernandez. Depois de fazer as contas e ver que era possível transar com cem homens diferentes no período de um ano, ela decidiu relatar essas experiências num blog – que agora virou livro, em que ela narra tudo o que aconteceu na noite anterior, sem compromisso, sem cobranças, sem encanações.

O poder espiritual da energia sexual

Sexo é uma energia tão poderosa que afeta todo o equilíbrio do indivíduo – desde os seus pensamentos até seu comportamento. Por esse motivo, a energia sexual não deve ser reprimida, mas utilizada com sabedoria, mesmo que você não tenha um parceiro. Ela pode ser canalizada de forma a produzir iluminação, pois conecta-nos ao Eu Superior, ao Sagrado.

De caipira a universitário

A verdadeira história da música sertaneja e seus principais fatos, como surgiram diversos clássicos, curiosidades e os personagens que marcaram época e contribuíram para fazer desse gênero o estilo musical preferido de todas as classes sociais do Brasil. Numa linguagem direta, a obra faz uma análise completa das razões que levaram a música sertaneja a vencer todos os preconceitos e barreiras para alcançar o topo das paradas – não só aqui, mas também no exterior.

MATRIX